AF250465

ETRENNES AUX GRISETTES.

Raisonnable ou non, tout s'en mêle.

Pour l'Année 1790.

REQUÊTE

PRÉSENTÉE

A M. SILVAIN BAILLY,

MAIRE DE PARIS.

PAR FLORENTINE DE LAUNAY,

Contre les Marchandes de Modes, Couturières, Lingères, et autres Grisettes commerçantes sur le pavé de Paris. &c.

Mᴏɴsɪᴇᴜʀ ʟᴇ Mᴀɪʀᴇ,

Florentine de Launay, cessionnaire de Rose Gourdan, propriétaire du grand balcon, sis rue Croix des Petits-Champs-Saint-Honoré, a l'honneur de vous exposer très-humblement,

Que depuis quelques années une multitude innombrable *de marchandes de modes, couturières, lingères; et autres grisettes de ce genre,* s'étant ingérées de faire le commerce exclusive-

[4]

ment permis aux seules *filles de joie*, vulgaire-
ment appellées racrocheuses. Elle se voit aujourd'hui dans la nécessité de réclamer contre
cet étrange abus aussi contraire aux règlemens
de police, que préjudiciable à ses intérêts et à
ceux des journalières soumises à sa direction.

Ce n'est point, Monsieur le maire, par un
discours pathétique que l'exposante se propose
de faire connoître combien ses droits et votre
autorité seroient compromis, si vous différiez
plus long-temps à maintenir avec sévérité à l'é-
gard *desdites grisettes*, l'exécution des règlemens
dont votre intégrité, vos lumières, vos talens
et vos vertus vous ont rendu digne d'être éter-
nellement le dépositaire : elle se bornera sim-
plement à invoquer le sentiment des auteurs,
pour les appliquer à l'espèce bien certaine que
ses titres suffiront pour éclairer votre justice.

Le premier janvier 1780, par une police
passée entre l'exposante et *Asmodée Quidor*,
conseiller du roi, inspecteur de police de Paris,
doyen des Maq.... de la même ville, il fut ex-
pressément convenu que moyennant un droit
payé à celui-ci par ladite exposante et ses journalières, le privilège exclusif de faire le commerce leur seroit conservé, àcondition toutefois

[5]

que le prix *des douces, par elles administrées* seroient et demeureroient invariablement fixées.

A 6 liv. pour un membre du clergé.

A 5 liv. pour un membre de la noblesse.

A 3 liv. pour un membre du tiers.

Et à 9 liv. sans distinction de rang ni de
fortune pour tous ceux qui voudroient travailler
à la propagation de l'espèce humaine.

Ce traité solemnel fut ponctuellement exécuté
par toutes les parties jusqu'en 1784, époque à
laquelle, eu égard à la rareté des finances et sur-
tout aux langueurs qu'éprouvoit le commerce,
elle fut forcée de diminuer le prix fixé par cette
police.

Les choses en cet état, elle s'étoit flatté de
voir bientôt disparoître les abus ; mais l'expé-
rience lui apprend le contraire : chaque jour
portant un nouvel échec à sa fortune, elle se
voit insensiblement réduite à la plus extrême
indigence.

Malgré que le traité dont il s'agit, ne fût
originairement qu'un don purement gratuit de
la part de l'exposante, et que Pierre le Noir ait
profité de son administration pour l'ériger en

contrat obligatoire, au profit *du sieur Quidor*, sauf les conditions tacites entre l'un et l'autre, elle se rappellera toujours avec reconnoissance que pendant son administration, les grisettes n'auroient osé porter la moindre atteinte à son commerce sans être sévérement punies de leur témérité. Il est vrai que sous Pierre le Noir il existoit des abus sans nombre, qui sont disparus avec lui. Lui-même en avoit introduit beaucoup auxquels il savoit trouver son compte. Par-tout il lui falloit des intérêts, par-tout il a voit eu l'adresse d'acquérir des droits : on sait combien celui qu'il s'étoit créé sur les lanternes étoit considérable ; celui que lui payoit l'exposante ne l'étoit pas moins ; mais elle peut assurer que jamais elle ne fut si énormément lézée que depuis son départ de la police, et soit dit sans vous offenser, monsieur le maire, toutes ces circonstances lui donnent lieu plus qu'à qui que ce soit de regretter Pierre le Noir et son administration. Elle en a fait publiquement l'aveu ; ce n'est qu'avec sensibilité qu'elle se rappelle la disgrace de celui-ci ; et s'il étoit en son pouvoir, en revanche de la protection spéciale qu'il a toujours accordé à son commerce, elle le revêtiroit pleinement du droit de lanterne et de tous accessoires.

Pardon, monsieur le maire, si l'exposante a pu s'égarer un instant; mais par sa franchise et ses malheurs elle a quelques droits à des égards, Si elle n'avoit la certitude que vous daignerez réprimer la licence effrénée des grisettes, le dernier vœu qu'il lui resteroit à former, seroit d'obtenir du ciel un despote devant qui tous soient égaux, pourvu que, comme chez l'empereur de la Chine, il y ait un tambour à la porte du palais, et que le prince soit tenu de descendre dès que le moindre de ses sujets a frappé sur le tambour, et que le signal de l'oppression a retenti.

Que seroit-ce donc, si d'un côté elle étoit obligée de payer au *sieur Asmodée* des sommes considérables, et que de l'autre l'inaction ruineuse dans laquelle elle se trouve, étoit prolongée plus long-temps ? Cependant, monsieur le maire, telle est la situation déplorable de l'exposante ; *toutes les bourses des plus courtois de cette capitale ruinées* par le commerce illicite que font *les grisettes*, est devenu la source presqu'intarissable de tous les maux. Le dénombrement des plus connus qu'elle produira par lettres alphabétiques à la fin de sa requête, suffira pour justifier complettement son assertion :

avant de s'en occuper, il lui importe bien es-
sentiellement de recueillir ses autorités.

« Il fut un temps, dit Déséssarts dans son
» dictionnaire de police, page 42, art. 33, que
» les femmes débauchées avoient un quartier
» désigné pour leur prostitution. Nulles d'en-
» tr'elles ne pouvoient s'en écarer sans encou-
» rir une punition très-sévère, dont les suites
» bien souvent entraînoient la perte de la pri-
» vation de leur état «

Ah! monsieur le maire, comme tout change
avec le temps ! Cette loi admirable sommeille
aujourd'hui dans la plus effrayante léthargie ; la
lubricité s'est tellement propagée de nos jours,
qu'il n'est pas une rue, pas même une seule
maison où, sous le titre apparent de fille honnête,
il ne soit possible de compter au moins une grisette la plus dépravée : cette branche de commerce jadis si florissante et si lucrative pour
l'exposante, semble, s'il est permis de s'expri-
mer ainsi, aujourd'hui tombée en désuétude par
le grand nombre de rejettons qu'elle a produit.

« A mesure que les mœurs s'altérèrent, con-
» tinue ce respectable auteur, il s'est fait des
» règlemens moins sévères qui donnèrent lieu
» à une foule d'abus qui se sont cruellement fait

» ressentir de nos jours : par tolérance , dit-il,
» il fut permis aux filles publiques , eu égard à
» leur grand nombre , d'exercer librement et
» indistinctement leur commerce dans tous les
» quartiers de Paris , *sauf néanmoins de conti-*
» *nuer comme par le passé à faire inscrire leur*
» *nom et lieu de leur demeure sur un registre*
» *de police uniquement destiné à cet usage, à*
» *peine de trois mois d'hôpital contre celles qui*
» *ne s'y conformeront point* «.

Certes, monsieur le maire , le vœu de ce rè-
glemenr n'est pas équivoque, et Desessarts, par
lequel il il nous est transmis , n'est pas un auteur suspect. Eh! pourquoi donc les grisettes
exerçant un commerce égal à celui qu'exerce
l'exposante et ses journalières, et jouissant des
fruits des mêmes travaux , pourroient-elles im-
punément s'affranchir des charges qui y son
attachées ?

Un autre abus qu'il est encore de l'intérêt
de l'exposante de relever ici, c'est celui dont les
actrices des théâtres de cette capitale, et no-
tamment des trois principaux, se rendent journellement coupables. Eh! combien n'est-il pas
douloureux pour elle de voir chaque jour se
grossir le nombre des grisettes qui empiètent sur

ses droits ? Ce préjudice, quoique déjà incalculable, seroit bien moins onéreux encore, si, à l'instar de celles-ci, nous n'avions dans toutes les classes de la société une légion de femmes qui, violant indécemment la foi conjugale, dépouillent l'exposante des bénéfices les plus certains de son commerce ; les rues en sont obstruées ; les places publiques, les promenades et les spectacles, sont innondés de toutes ces commerçantes clandestines : depuis la dernière condition jusqu'à la première, la marquise comme la soubrette s'y livrent également ; les unes, pour subvenir à leur luxe, les autres, pour en rehausser l'éclat. N'en doutez point, monsieur le maire, s'il falloit des exemples, l'embarras de l'exposante ne seroit que du côté du choix ; mais par respect humain, et d'ailleurs accoutumée depuis long-temps à faire des sacrifices, elle gardera sur ce point le plus profond silence.

Maintenant revenons aux actrices. Il est de toute justice de les assimiler aux grisettes ; cette épithéte doit être désormais le synonime de leur nom pour le prouver. Parmi le grand nombre d'exemples qui fournissent les marchés qu'elles concluent journellement dans les coulisses et aux foyers de leur théâtre, l'exposante n'en prendra qu'un seul, mais d'une telle importance qu'il suffira pour fixer l'opinion publique.

Tout le monde connoît Contat Lainée, mais tout le monde ne sait pas *combien elle est grisette*. Un jour qo'elle s'étoit engagée moyennant deux mille livres, de fournir à un jeune seigneur, qu'il est inutile de nommer, certain bijoux dont le déprédateur Calonne étoit grand amateur; ce dernier alors en possession des trésors de la France, ne fit aucune difficulté d'enchérir de quatre mille livres, que l'infidelle Contat accepta sans scrupule, n'ayant aucun égard à ses engagemens antérieurs.

Mais, sans aucunement nous arrêter à une pareille infidélité à laquelle la probité de l'exposante répugneroit de descendre, ne seroit-il pas évident que des sommes aussi considérables, si elles n'étoient distraites de son commerce, le lui régénéreroit et lui rendroit sa première activité?

C'est donc à vous, monsieur le maire, de servir contre les coupables de pareils abus. S'ils n'étoient incessamment détruits, la ruine totale de l'exposante seroit inévitable, et si sa demande pouvoit encourir votre improbation, cette circonstance contiendroit *d'exhiber ses piè-*

ces devant les représentans de la nation, afin d'obtenir la prise à partie. Puisqu'il existe des règlemens, il est de la plus urgente nécessité que les grisettes y soient soumises ; elles ne peuvent s'en affranchir sans préjudicier *à la chose commune*, et sans priver le sieur Quidor lui-même d'une portion de ses émolumens, lesquels sont tels, *qu'il doit lui être payé un droit annuel par chaque fille commerçante, pour être maintenue dans la liberté dudit commerce.*

Donc, par le défaut de payement de ce droit, elles se sont rendues coupables enyers lui du dol le mieux caractérisé, et qui, si on y fait attention, ne l'est pas moins à l'égard de l'exposante. En voici une preuve bien évidente.

Depuis 1780 jusqu'en 1784, abstraction faite des frais *de chandelles, d'entremetteuses, marcheuses, agioteuses, et barbotteuses, &c.* Les bénéfices nets résultans du commerce de l'exposante montoient à la somme de 30000 liv., et dans les bénéfices de l'année 1785 et des deux subséquentes, il s'est constamment trouvé *un déficit de plus d'un tiers.*

Depuis le mal est bien empiré ; le commerce de l'exposante dégénère tous les jours ; *les affaires du temps ont si fort déplacé les siennes,* que c'est presqu'aujourd'hui, à la commisération publique , qu'elle est redevable de son existence.

D'après l'étrange résultat de ce calcul, n'est-il pas évident qu'elle ne peut légitimement s'en prendre qu'aux grisettes ? Vous n'aurez pas de peine à vous en convaincre, monsieur le maire, lorsque le public impartial, en applaudissant à sa réclamation , s'empressera de vous attester cette grande vérité. La gravité des faits dont elle vient de rendre compte, doivent suffire pour la dispenser d'une dissertation plus longue , et pour faire sentir la nécessité de les soumettre aux règlemens. Avant de conclure, elle se bornera donc à faire une simple observation qui ne laissera pas encore d'avoir ici son importance et son poids.

Ne vous dissimulez pas, monsieur le maire, que parmi les *grisettes* il en est un grande nombre qui savent prendre tous les masques et jouer alternativement tous les rôles. En général faisant toutes les prudes , elles prendront chaudement l'allarme sitôt quelles seront instruites de cette demande. Protestations, Jérémiades hypocrites, rien ne sera épargné pour vous fasciner la vue; mais en ce cas on peut facilement les réduire

au silence, en leur répondant par ces deux vers
de Grécourt, dans lesquels se trouve l'arrêt irré-
vocable de leur condamnation.

Telles d'un air bigot qui vont baissant les yeux,
Sont celles bien souvent qui chevauchent le
mieux.

Ce considéré, monsieur le maire, il vous
plaise rendre incessamment une ordonnance à
l'effet de faire exécuter les anciens règlemens de
police relatifs au commerce de l'exposante, sans
cependant préjudicier aux nouveaux qui pour-
roient être émanés, ou qui émaneroient des représentans de la nation. Faire injonction à M. le
commandant général de la garde nationale pa-
risienne, d'en maintenir rigoureusement l'exé-
tion ; ordonner en outre que les grisettes ci-
après nommées, seront tenues dans quiuzaine,
pour tour délai, de se présenter chez le *sieur
Asmodée Quidor*, afin d'y voir figurer leur nom
et le lieu de leur demeure sur le registre con-
cernant *les filles de joye*, à défaut de présenta-
tion de leur part, la présente requête en tien-
dra lieu ; et dans le cas *où lesdites grisettes* s'é-
lèveroient contre la demande de l'exposante,
leur faire défense expresse de continuer leur
commerce, à peine d'être appréhendées au

corps, et conduites à l'hôpital pour trois mois, et vous ferez bien.

N. B. Nous marquons d'une étoile * le nom de plusieurs grisettes, pour éviter d'analyser ici les extraits de baptême de leur progéniture; mais si parmi elles il en étoit d'assez impudentes pour crier à la calomnie, nous offrons de les produire pour nous mettre à l'abri de tout reproche de partialité.

NOMS ET DEMEURE

DES GRISETTES.

A.

* ARMAND, Denise, limonadière rue de la Harpe, près Cluny.

Aymez, Denise, et compagnie, marchande de modes sous les Barraques du Palais-royal.

Alexandre, Honorine, marchande de modes rue de la Monnoye.

Armand, Rosalie, ouvrière en modes rue Saint-Honoré, au Trait-Galant.

Adam, Denise, fleuriste rue Saint-Nicaise.

Alexandre, l'aînée, chez sa mère, tenant un bureau d'écriture au Palais.

Alexandre, cadette, idem.

Arson, Louise, fourreuse rue Saint-Hyacin-the, chez son père.

Alphonsine, Palais-royal, N° 88.

Aublin, cadette, chez son père, limonadier rue de la Verrerie.

Aublin, Suzanne, sa sœur, idem.

Agnès et compagnie, marchande de modes sous les Barraques du Palais-royal.

B.

* Bonnement, Henriette, rue Dauphine.

* Bonnet, Victoire, parfumeuse rue de la Harpe.

Bourgeois, Sophie, chez sa mère rue Quim-quempoix, hôtel des Quatre-Nations.

Bertrand, Angélique, marchande de modes rue Neuve des Petits-champs.

Cette demoiselle est d'une vertu à l'épreuve de toute séduction. Une figure enfantine, et quinze à seize ans au plus ; de la gentillesse et de la témérité, avec de la finesse, lui prêtent

infiniment

infiniment des charmes. On invite les amateurs à en essayer la conquête déjà inutilement tentée par un militaire qui, jadis trouva peu de cruelles ; mais depuis la confusion des ordres et la violation de leurs sermens, les militaires persuadent difficilement les belles, attendu qu'elles ne peuvent plus en conscience se fier à un serment qu'ils leur feroient.

Baye, Agnès, marchande de modes rue de l'ancienne Comédie.

Barbier, Eulalie, et Catherine Solland, son associée, marchandes de modes rue de la Féronnerie.

Boileau, Louise, Peintresse en miniature rue du Petit-Lion Saint-Sulpice.

Bertrand, Catherine, chez sa mère rue du Bercy.

Beaumenil, Eulalie, chanteuse à l'opéra, chaussée d'Antin.

Bardin, Mimie, chez son père, épicier rue de la Harpe.

Beauregard, Séraphine, repasseuse, chez son père boissellier, près l'hôtel Tanchoux, passage du Marché-Neuf.

Berceville, Henriette, femme de chambre de madame la duchesse de Lorges, au Louvre.

B

Bathier, Henriette, couturière en robes chez madame Morel, rue Bayeux Saint-Germain-Lauxerrois.

Benoît, Agnès, chez sa mère fruitière-orangère Marché Saint-Eustache.

Béhours, Victoire, chez son père, épicier au Marché Saint-Jean.

Beaudoin, Magdeleine, couturière rue des Prêtres-Saint-Paul.

* Belhomme, Suzanne, ravaudeuse rue du Figuier, No 41.

Becquet, Françoise, rue du Figuier, No 40.

Boivin, Françoise, maîtresse couturière rue Saint-Denis, vis-à-vis celle du chevalier du guet, chez le boulanger.

Beauregard, Augustine, maison du faïencier rue de Grenelle, près celle du Bacq.

C.

Colombe, dite de Cheval, au Palais-royal, gallerie de Pierre, No 50, entretenue par le bureau de la ville.

Cordebar, Antoinette, rue des Maçons, place Sorbonne.

Cordebar, Adelaïde, sa sœur, idem.

Chenu, Célestine, rue Chartière.

Coulon, Marie-Anne, chez son père rue Serpente, maison de M. de Bure, libraire.

. . . . . dite Chevalier, marchande sur le premier passage du Palais-royal, fille du bourreau de Dijon.

Copeau, Angélique, rue de la Montagne-Sainte - Géneviève, entretenue par un graveur.

Chancelier, Agathe, chez son père rue des Quatre-Fils au Marais.

Colombe, l'aînée, au théâtre Italien.

Colombe, Adeline, idem,

Carline, idem.

Contat, l'aînée, au théâtre François.

Contat, Emélie, sa sœur, idem.

Chazanne, Pélagie, chez son père rue de la Vieille-Drapperie.

Chevrie, évaintailliste rue du Cimetière-Saint-Nicolas-des-Champs.

Canivet, Victoire, chez Madame la Glace, maîtresse couturière rue Platrière.

Cafaxe, Emélie, marchande de modes près la rue Vallois, rue Saint-Honoré.

Cadot, marchande de modes rue Montmartre, vis-à-vis de celle de la Jussienne.

Chevalier , Marguérite, chez son père, avocat au parlement , rue du Foin-Saint-Jacques.

D.

* Damiens , Antoinette, chez son père , commissaire du Mont-de-Piété , rue de la Féronnerie (a).

Dandet, Marie-Anne , chez sa mère rue du Petit-Lion Saint-Sulpice.

Desfossés, Françoise , marchande de modes quai le Pelletier.

Després , Josephine , maison de l'Armée, limonadièr , rue Saint-Jacques.

Dubief , Eléonore , marchande lingère rue Dauphine.

Duluc , Denise , marchande de modes rue des Quatre-Vents , maison du limonadier.

De Valabrègue , Lucie , maison de M. Thomas , limonadier rue de Grenelle-Saint-Germain (b).

De Valabrègue, Henriette , sa sœur , idem.

De Marainville , Angélique , rue Mêlée , No. 16 , entretenue par un bancal.

Duchesne , Louise , évantailliste rue de la Féronnerie , maison d'un buraliste des loteries.

Duhamel, Célestine, chez son père, faïencier sur le pont Notre-Dame.

Dargenteuil, la comtesse, abbesse Dépinal.

Descoubesse, Julienne, repasseuse, chez son père, marchand orfèvre rue Transmonin, Nᵒ. 22, maîtresse de plusieurs banquiers, &c.

Duchesne, Victoire, femme de chambre en survivance chez *Madame*.

Duparc, coiffeuse de madame comtesse d'Artois.

Dorival, Laurence, chanteuse à l'opéra.

Dalus, Rose, femme de garde-robe des atours de *Madame*.

Dupuis, Charlotte, lectrice en survivance de la chambre et du cabinet de madame comtesse d'Artois.

Daigremont, Antoinette, chez son père, receveur à la ville, rue Montmartre, vis-à-vis de Saint-Joseph.

Desgarcins, actrice aux Français.

Dumur, Jeanne, chez son père rue du Figuier.

De Vienne, actrice aux Français.

E.

Emard, Christine, chez son père, marchand de draps rue Saint-Denis.

Foy, Elisabeth, marchande lingère sur le pont Saint-Michel.

Fontaine, Julie, ouvrière en modes rue Saint-Honoré, près la place Vendôme.

Fontaine, Françoise, sa sœur, chez son père, rue du Chantre.

Forestier, Denise, entretenue par M. Saint-Germain, au Palais-royal.

Francastel, l'aînée, marchande lingère rue de Richelieu-Saint-Honoré.

Francastel, cadette, sa sœur, idem.

Fleury, Marguerite, rue de l'ancienne Comédie, actrice aux Français.

Fiat, Eléonore, actrice aux Variétés.

Fayolle, Denise, marchande lingère rue St.-Honoré, vis-à-vis celle de Valoir.

Félicité, merchande au Palais-royal, No. 88, entretenue par le chevalier Dullina.

G.

Gauthier, Honorine, chez son père, pâtissier en face du palais.

Geffrier, Marie-Jeanne, maison de madame Patas, rue Saint-Jacques, vis-à-vis celle Sainte-Hyacinthe.

Gilles, Rose, marchande de modes rue du Paradis, No. 28.

Gilles, Félicité, sa sœur, idem.

Gosset, Louise, marchande de modes rue de l'ancienne Comédie.

Gosset, Clotilde, sa sœur, idem.

Girardot, Henriette, rue des Cordeliers, hôtel Saint-Pierre.

Gaudet, Jeanne, chez son frère huissier au grand-conseil, rue du Petit-Carreau.

Guicharderet, rue de la Lune, No. 38.

Giette, Géneviève, ravaudeuse, fauxbourg du temple, près la Barrière.

Gervais, Henriette, marchande de modes rue Mont-martre.

Gibal, Etiennette, fille d'un gentilhomme Suisse, passage du Commerce.

H.

Huart, Rosalie, ouvrière en modes au Trait-Galant, rue Saint-Honoré.

H*** dite madame Frémont, rue d'Enfer, près des Chartreux, entretenue par le prince Ferdinand, archevêque de Cambray.

* H*** dite madame Blondo de Romain-ville, marchande papetière rue Coquillière, entretenue par Dupetit, avocat aux conseils.

Haran, Françoise, cotterelle de madame comtesse d'Artois.

J.

Jacquinot, Hélène, Buraliste des loteries
place de l'Ecole.

Jacquinot, Julie, sa sœur, idem.

* Joubert, Gertrude, quai Pelletier, à la
Boule-d'Or.

Jeançon, Marthe, chez son père, bottier
rue de la Bareillerie, près le quai de l'Hor-
loge.

Jacob, l'aînée, chez son père, M^e tailleur
rue Aubry-le-Boucher.

Jacob, cadette, sa sœur, idem.

* Jaris, Louis, marchande de modes rue du
Figuier, No. 24.

Javeret, Antoinette, marchande de modes
au Palais-royal.

Joly, actrice aux Français.

Julie, la Belle, actrice aux Variétés.

L.

* La Porte, Emilie, rue de Richelieu,
place Sorbonne, maison d'un limonadier (c).

Lallemand, Margueritte, chez sa mère, limonadier, rue des fossés M. le Prince.

Lesclapart, Françoise, Libraire, rue de la
Barillerie.

Lucas, Jeanne, maîtresse couturiere, rue
des quatre vents.

Le Roüx, françoise, prostituée par sa mere,
rue Tirboudin.

Le Brun, Louise, ouvriere en modes, rue
Sainte-Honoré, au trait galant (d).

Longprés, Rosalie, au trait galant, rue Sainte-
Honoré.

Le Bon, Honorine, chez sa mère, marchande de modes, rue S. Jacques au coin celle
du Plâtre.

Lamarre, Pélagie, marchande de modes au
palais-royal, sous les barraques.

Lequint, Marie-Josesphe, chez son père,
orfèvre sur le pont S. Michel.

Le Moine, Hélene, à la lingerie, chez
M. le duc de Nivernois, rue de Tournon.

Le Moine, Julie, lectrice de la chambre et
et du cabinet de madame la comtesse d'Artois.

Le Vau, Reine, chez son pere, teinturier,
rue de bièvre.

Lorrain, Denise, chez son père, épicier, rue Montmartre au coin de celle Plâtrière.

Longchamp, Catherine, chez son père commis aux fermes, rue Plâtrière.

Le fort, Félicité, chez son père, marchand tailleur à la Croix Rouge, maison d'un épicier.

Lanouë, Rose, maison d'un marchand de vin, carrefour de la Coutellerie, maîtresse du commissaire Courtat, dit Deshormeaux.

Lefebvre, Florentine, marchande parfumeuse, rue Mouffetard ; entretenue par M. Lamus, perruquier.

La Roche, Françoise, marchande de modes, rue S. Honoré, près la Halle.

Le Roux, Denise, chez son père, chapelier, sur le pont S. Michel.

Lefevre, françoise, marchande de modes, au palais marchand.

Langlois, Louise, idem.

La Barre, Henriette, chez Berthelemot, confiseur, rue de la Vieille Bouclerie (*e*).

La Forêt, sa sœur, idem, actrice chez Nicolet.

Le Brun, Henriette, chez son père, peintre et doreur, fauxbourg Montmartre.

La belle Dorothée, Julie, actrice l'Audinot

Lamblot, Julie, marchande e modes. près les capucins S. Honoré.

L'escaut, Denise, actrice aux Italiens.

Lemer, marchande de modes au palais-royal, n°. 212, près les Variétés.

M.

Maréchal, Eugénie, chez son père, fourbisseur, rue Dauphine.

Maréchal, Laurence, sa sœur, idem.

Martin, Augustine, ouvriere en modes, chez madame Semen, quai de la Vallée.

Michault, Françoise, marchande de mousseline, rue de la montagne Ste. Geneviève.

* Moreau, Denise, musicienne, chez son père, rue Ste. Hyacinthe.

Merelle, Marie-Thérèse, musicienne, rue de Bondy.

Merelle, Augustine, sa sœur, idem.

* Marquet, Gabriel, rue S. Jacques, vis-à-vis l'égoût.

Mancel, Scolastique, chez son père, marchand de vins, rue de la Huchette.

Morillan, Elisabeth, femme-de-chambre de madame la comtesse d'Artois.

Maillard, Eulalie, chanteuse à l'opéra.

Meunier, Charlotte, chez son pere, limonadier, rue de l'hirodelle.

Morand, Louise, marchande de modes au palais marchand.

Meunier, dite la belle Lyonnoise, brodeuse, rue S. Honoré vis-à-vis l'oratoire.

Mutot, Eulalie, chez son père, rue S. Denis, n°. 227.

N.

Nix, Victoire, chez madame Rotin, parfumeuse, rue des fossés Montmartre.

Nerodeau, Françoise, chez son père, boulanger, rue S. Jacques.

Nerodeau, Marguerite, sa sœur, idem.

Noël, Gabrielle, chez son père, patissier, place de Grève.

Nadeau, Cécile, chez son père, graveur, rue de la vieille draperie.

Nicolas, l'aînée, chez son père, tapissier, sur le pont S. Michel.

Nicolas, cadette, idem.

Neveu, ouvriere en mode à louer, barraques n°. 212, près les variétés.

[29]

P.

* Prochasson, Louison, place S. Mchel,
Prochasson, Clémentine, sa sœur, idem.

Perdreau, Josephine, rue des Maçons,
place Sorbonne.

Pia, Aldegonde, marchande lingère, rue du
Marché Poirée, à l'image S. Eustache.

Pacifique, rue S. Honoré, près celle de l'é-
chelle.

Polisseau, Françoise, polisseuse, rue du haut
moulin.

Poutrain, Barbi, rue du grand hurleur,
maison du fondeur.

Pain, Margueritte, polisseuse, chez M. Lucas, orfèvre, rue des Ménétriers, hôtel S. Luc,
au premier.

Perrin, Françoise, premiere femme - de-
chambre de la Reine.

Pitrot, l'aînée, actrice aux Italiens.

* Pitrot, cadette, dite mademoiselle Perce-
val, aux Italiens.

Petit, Adélaïde, chez son père, épicier, rue
S. Denis.

Poupart, l'aînée, marchande lingère, rue de
l'échelle S. Honoré.

Poupart , cadette , idem.

Platel , Thérèse , chez madame la Glace , maîtresse couturiere , rue plâtriere.

Perrein , Eugénie , femme de chambre de madame la comtesse de Clermont-Tonnerre.

Pauline , ouvriere en modes , rue montmartre près le passage du Saumon.

Pelletier , Marie-Anne , ouvriere en linge , rue des Jardins.

Peset , ouvriere en mode , rue Montmartre , chez l'épicier.

Q.

Quatremer , Eléonor , femme - de - chambre pensionnée de madame la comtesse d'Artois , chaussée-d'Antin.

R.

Roussand , Adélaïde , marchande de modes , de la comédie Française.

* Ratel , Adélaïde , marchande lingere , rue S. Jacques , vis-à-vis celle des Mathurins.

* Regnier , couturiere . rue de Savoye.

Ratel , Rosalie , sa sœur , id.

Ratel , Minnie , l'aînée des deux précédentes ,

* Roitel , Constance , maison du teinturier ,

rue des cordiers, entretenue par Dom Branche, prieur de Cluny.

* Roques, Adelaïde, rue des moineaux (*f*).

Radoux, Henriette, ouvrière en dentelle de madame comtesse d'Artois ; au Palais royal.

Raucour, Brigitte, actrice aux Français.

Robert, Denise , peintresse à la silouette , sur le boulevard vis-à-vis la porte S. Martin.

Renaud , Henriette, actrice aux Italiens.

Riviere, Aldegonde , maîtresse couturière , rue croix des petits champs S. Honoré.

Robinot, Thérèse chez son père, Me. Perruquier, rue de la Harpe (*g*).

Rhuant , l'aînée , soit-disant comtesse , à l'estrapade , place Fourcy.
Rhuant cadette , id.

Rondu , Françoise , marchande au palais royal.

Roger, Denise, chez son père, limonadier , au café du petit S. Julien, rue S. Martin.

Regnier, Louise, chez son père , marchand de vin et garde de la ville, rue Jean Pain mollet.

S.

Sénéchal, Louise , marchande lingere, rue S. Honoré, près celle de la Lingerie.

Santerelle, Adélaïde, chez une marchande de modes, rue d'Orléans.

Saint-Jean, Justine, maison de M. Chevillard, Boulanger, rue Beaubourg.

Siméon-Monique, couturière, rue de la Calandre près le barreau vert.

Saint-Mraie la Rambayence des poilles de Collompes, entretenue par un libraire.

Santer, Appoline, chez son père, épinglier, rue S. Denis, près celle Greneta.

Saint-Aubin, Matilde, femme de chambre chez la reine.

Saint-Huberti, chanteuse à l'opéra.

Soulat, Eléonore, raçommodeusye de dentelle de madame Victoire, rue du Bacq.

Soulat, sa sœur, peintresse en miniature.

* Sel, Julie, femme de chambre de madame la baronne de Marcilly, rue S. Louis, au marais.

Seguin, Charlotte, couturiere en robes, chez madame Morel, rue Bayeul.

Simonin, Hélene, brodeuse, rue S. Honoré vis-à-vis la rue de l'Arbre sec.

Saint Leu, entretenue par M. le marquis de Civrac, rue S. Dominique, faubourg S. Germain.

Thomas

T.

Thomas, Elisabeth , chez son père, limonadier, rue de Grenelle S. Germain.

Thenard, Véronique, actrice aux Français.

Tolozan, Clémentine, rue du grand chantier
au marais, chez son père, prévôt des marchands
de Lyon.

Trial, Augustine, du concert de la reine.

Tranchant, Honorine, fleuriste, rue S. Ni-
caise.

Tardieu, l'aînée, chez son père, planeur ,
rue Boutebrie.

Tardieu, Denise , sa sœur, id.

Tergat Adelaïde , femme de chambre de
madame Elizabeth.

Toutain, Véronique, chez sa mère, rue S.
Martin, aux armes d'espagne.

Tabaraire, actrice aux Variétés.

Talon, Véronique, actrice chez Nicolet.

V.

Vestris , Petronil , actrice de l'opéra , rue
Jacob.

C

Vignon, Rose, marchande merciere, place
s. Michel.

Vesnier, Victoire, maison d'Herisson, limonadier, rue du petit Lion s. sulpice.

Victoire..... chez la veuve Aubry sa sœur,
bouchere, rue et isle st. Louis (*h*).

Verdun, Célestine, marchande de modes,
rue de Voltaire.

Vallerand, Louise, marchande lingere, rue
des cordeliers.

Vaillard l'aînée, chez son père, Me. perruquier, sur le quai de Bourbon.

Vaillard, cadette, id.

Vaillard, Christine, id.

Vautier, Charlotte, parfumeuse et bijou-
tiere, au palais royal, sous les barraques.

Vetier, Louise, marchande de modes, au
palais marchand.

Vincent, marchande de modes, au palais
royal, sous les barraques.

Vaillard l'aînée, rue de Montmorency.

Vaillard, cadette, id.

Vanhove, dite madame Petit, actrice aux
Français.

Z.

Zacharie, chanteuse à l'opéra.

N O T E S.

(*a*) Damiens. Elle a singulièrement profité des exemples de libertinage que sa mère lui a donné dès le berceau. La publicité qu'elle a pris soin de donner elle-même à ses débauches, nous dispense des détails. D'ailleurs, on ne peut approcher qu'en répugnant d'un pareil labyrinthe.

(*b*) De Valabrégue, Lucie. Ses talens et ses charmes attirent sans cesse sur ses pas une foule d'adorateurs. Elle est connue dans tous les concerts de Paris par sa musique vocale et instrumentale, et sur-tout par ses *Duo* avec M. le chevalier de Beauvoir.

(*c*) Laporte. Cette grisette accapare les amans comme Berthier et Foulon accaparoient les farines. En 1788, elle eut connoissance qu'un de ses favoris alloit se marier à Dijon; elle s'y transporte à la hâte, et ne lui laisse que l'alternative de manquer un établissement considérable, ou de lui payer quelques louis; pour parvenir à ses fins, elle attribue aux œuvres de celui-ci le fruit de son commerce obscène. Il eût été facile au jeune homme de prouver son *alibi* sur cette prétendue paternité; mais pressé par les circonstances, il aima mieux payer 1200 liv. pour les frais de gésine requis par cette donzelle, afin d'assoupir une affaire qui pouvoit lui causer le plus grand tort. A l'appui de cette note nous offrons de rapporter l'extrait de baptême tiré des registres des enfans-trouvés de Dijon.

(*d*) Le trait galant, rue Saint-Honoré. Si on étoit obligé de raconter tous les traits plus que galans des demoiselles qui composent ce fameux magazin, on reconnoîtroit sans peine que cette maison n'est pas connue sous sa dénomination la plus convenable. A l'égard des demoiselles le Brun et Longprés; nous observons qu'elles sont ouvrières au trait galant, et c'est tout dire.

(*e*) Labarre. Ce que nous dirons à la louange de celle-ci sera un reproche pour beaucoup d'autres. *Quoique jeune encore, elle est assez prudente pour faire ses coups à la sourdine.*

(*f*) Roques. Après avoir travaillé à la journée pendant 35 jours consécutifs chez madame le Blanc, lingère et *entremetteuse*, maison de l'épicier, au coin de la rue du Plâtre Saint-Jacques, elle est passée entre les bras du prince de Poix, à Versailles, qui lui a fait 1200 liv. de rente.

(*g*) Robinot. Nous ne pourrions que répéter ici ce que nous avons dit de mademoiselle La barre.

(*h*) Victoire..... Autant elle étoit remarquée dans les premiers tems de son arrivée à Paris par son air de modestie, autant elle est remarquée aujourd'hui par la raison contraire. Un changement si subit n'étonnera pas, sans doute, lorsqu'on saura qu'elle est endoctrinée par la veuve Aubry, sa sœur, qui, quoique mere de trois enfans, vit en concubinage avec le principal clerc de Me Brechot, notaire.